Este libro le pertenece a:

....

Copyright © BPA Publishing Ltd 2020

Autora: Pip Reid

Ilustrador: Thomas Barnett

Director creativo: Curtis Reid

www.biblepathwayadventures.com

Gracias por apoyar a Bible Pathway Adventures®. Nuestra serie de aventuras ayuda a los padres a enseñarles a sus hijos sobre la Biblia de una forma divertida y creativa. Diseñada para toda la familia, la misión de Bible Pathway Adventures es reintroducir el discipulado en los hogares de todo el mundo. ¡La búsqueda de la verdad es más divertida que la tradición!

Los derechos morales de la autora y el ilustrador han sido declarados. Este libro está protegido por copyright.

ISBN: 978-1-7772168-5-6

Tragado por un pez

Las aventuras de Jonás

"Pero el Señor tenía preparado un gran pez para que se tragara a Jonás. Y Jonás estuvo en la barriga del pez durante tres días y tres noches". (Jonás, 1:17)

¿Te has preguntado alguna vez cómo sería tu vida si fueses profeta? ¿Cómo sería comunicarle los mensajes de Dios a la gente? Ese era el trabajo de Jonás hasta que Dios lo envió a una ciudad llena de desconocidos para transmitirles una advertencia especial.

¡Aún peor, aquellos desconocidos eran sus enemigos! Por esta razón, Jonás no quería hacer el trabajo que Dios le había asignado.

Jonás era un profeta hebreo que vivió en Israel hace mucho tiempo. Dios lo enviaba a comunicar mensajes importantes a los israelitas. Algunas veces estos mensajes eran advertencias; otras veces, Dios le daba a Jonás buenas noticias para compartir.

Pensarás que Jonás era un santo si Dios recurría a él, pero en realidad era como nosotros. No siempre se comportaba como Dios quería.

¿Sabías que?

Muchas personas creen que hay formas diferentes de pronunciar el nombre de Dios. Estas incluyen, por ejemplo, Yah, Yahweh y Yahuah.

En aquel tiempo, el rey Jeroboam II reinaba sobre Israel. Era un rey muy poderoso y muy malvado. Construía palacios inmensos en vez de ayudar a la gente pobre, y adoraba a dioses falsos en lugar de adorar al Dios verdadero de Abraham, Isaac y Jacob. Con todo, Dios seguía amando al pueblo de Israel.

Un día, Dios envió a Jonás con un mensaje para el rey: "Dile a Jeroboam que Israel conquistará a sus enemigos. Israel recuperará nuevamente la tierra que le fue arrebatada y se convertirá en una nación poderosa".

Jonás tragó saliva y se quedó mirando al suelo. Con solo pensar en comunicar un mensaje de Dios al rey, se le ponía la piel de gallina. ¿Y si el anuncio no se cumplía? ¡El rey podría meterlo en la cárcel durante el resto de su vida! Peor aún, ¡podía matarlo!

A la mañana siguiente, Jonás se puso su mejor túnica y cruzó las atestadas calles en dirección al palacio real. Ascendió la escalinata y se inclinó ante el rey. "Majestad, traigo un mensaje de Dios", anunció, aclarándose la garganta.

"¿De qué se trata?", inquirió bruscamente el rey Jeroboam, mirando con mala cara a Jonás desde su gran trono de oro. No le gustaban los profetas con mensajes de Dios. Generalmente decían cosas que él no quería oír. El rey chasqueaba sus dedos impacientemente.

"Ve y pelea contra los asirios", dijo Jonás. "Dios te dará la victoria sobre tus enemigos y te convertirás en un rey todavía más poderoso". El rey Jeroboam sonrió e hinchó su pecho. Le gustaba la idea de convertirse en un gran rey.

¿Sabías que?

Los asirios eran expertos en la guerra de sitio. Utilizaban arietes, torres de asedio y otras tácticas, como desviar los suministros de agua, a fin de tomar una ciudad.

Esa misma semana, el rey reunió todos sus caballos, carrozas y soldados y marchó a pelear contra los poderosos asirios. Tomó la ciudad de Damasco y recuperó la tierra que le pertenecía a Israel.

Jonás respiró aliviado. El anuncio de Dios se había hecho realidad. Ser profeta era mucho más agradable cuando Dios quería compartir buenas noticias. Pero Dios tenía otra misión para Jonás.

Un día, mientras Jonás oraba bajo la sombra de un olivo, Dios le habló. Le dijo: "Jonás, deseo que vayas a la ciudad de Nínive, en Asiria". Jonás frunció el ceño. La idea no le atraía en absoluto. A nadie le gustaban los asirios. ¡Eran tan sanguinarios como los tiburones! "Si me presento allí, los ninivitas me matarán", dijo Jonás, secándose el sudor de sus cejas. "¿Por qué deseará Dios que vaya?".

"Ve y diles a los ninivitas que son gente malvada", continuó Dios, ignorando las débiles protestas de Jonás, nada entusiasmado ante la perspectiva de decir ese tipo de cosas a los ninivitas. ¿Por qué Dios no podía simplemente castigarlos por ser malvados? Se sentó bajo el olivo y se quedó mirando amargamente la lejanía.

"¿Qué pasaría si los ninivitas se arrepintiesen?", preguntó Jonás a Dios. Él sabía que Dios era tanto juicio como misericordia. "¡Podría quedar como un tonto e Israel no se convertiría en una gran nación!".

Jonás se rascó la cabeza. ¿Cuáles eran los planes de Dios? Sus pensamientos y temores le consumían, así que se le ocurrió un tonto plan: decidió ignorar las instrucciones de Dios y escapar a una tierra lejana.

Esa noche, Jonás preparó su equipaje y huyó a la ciudad de Jafa. El puerto de Jafa estaba lleno de barcos y Jonás sabía que podría conseguir pasaje en uno que lo llevase lejos de Nínive. Se abrió camino a través de la muchedumbre bulliciosa hacia el concurrido puerto.

"Espero que algún barco zarpe hoy mismo", pensó Jonás, mientras miraba a los marineros que subían jarras de aceite y vino a los barcos.

"¿Hay espacio para uno más?", preguntó Jonás a la cubierta de un barco lleno. El capitán sonrió con avaricia y asintió: "Diez monedas de plata". Estiró su regordeta mano y esperó a que Jonás contara su dinero. Jonás pagó su pasaje y se escabulló subiendo por la pasarela, con la cabeza agachada. Sabía que Dios no estaba contento con su plan.

¿Sabías que?

Muchos estudiosos creen que Tarsis se encuentra al otro lado del mar Mediterráneo, cerca de España.

Finalmente, los marineros estuvieron listos para partir hacia Tarsis. Jonás suspiró aliviado. ¡Después de todo, quizás podría escapar de Dios! Pero Dios sabía lo que Jonás planeaba.

Mientras el barco surcaba el mar Mediterráneo, Dios envió una enorme tormenta. Los vientos rugían a través de las velas como un tornado y las olas golpeaban los costados de la nave.

"El barco se romperá en mil pedazos y nos ahogaremos", se lamentaban los marineros al escuchar el aullido del viento y las olas.

El capitán se puso de pie en medio del barco, con sus brazos aferrados fuertemente al mástil. "¡Lanzad algo de carga por la borda!", ordenó. "Así será más fácil controlar el barco". Los marineros hicieron lo que indicaba el capitán, pero el barco seguía debatiéndose como un corcho entre las olas.

Entretanto, el capitán abrió la puerta de un camarote oscuro y no pudo creer lo que vio. Jonás estaba tumbado, dormido y roncando como un elefante. "Jonás, ¿cómo puedes dormir?", exclamó el capitán. "Levántate y reza a tu dios. ¡Quizás sienta lástima por nosotros y salve nuestras vidas!".

¿Sabías que?

Los marineros fenicios eran los comerciantes más avanzados del mundo en esa época. Navegaban por los mares Mediterráneo y Rojo, y por los océanos Atlántico e Índico, para comercializar con otras naciones.

Arriba, en la cubierta, los marineros habían empezado a acusarse entre sí. Decidieron lo siguiente: "Echaremos a suertes quién es el culpable de esta tormenta". Salió el nombre de Jonás y lo miraron con sospecha. "¿Por qué nos acecha esta tormenta?", le preguntaron. "¿Qué estás haciendo aquí? ¿De dónde eres?".

"Soy hebreo", contestó Jonás. "Sirvo al Dios del cielo, quien también creó la tierra y el mar". Los marineros temblaron de miedo. Habían oído muchas cosas del todopoderoso Dios de los hebreos.

"Esta horrible tormenta es mi culpa", reconoció Jonás, avergonzado. "Si hubiese obedecido a Dios, no estaríamos en mitad de este desastre".

"Bueno, ¿y qué podemos hacer para detener la tormenta?", le preguntaron. Jonás sabía que Dios era justo, y que salvaría la vida de los marineros. "Si me arrojáis al mar", dijo, "la tormenta amainará".

Jonás había caído en gracia a la tripulación, y no querían lanzarlo por la borda. Por el contrario, los marineros comenzaron a remar tan fuerte como podían en dirección a la costa. Pero los mares se encrespaban más aún y el barco navegaba en círculos.

Finalmente, los marineros clamaron a Dios: "¡Por favor, no nos castigues por quitarle la vida a este hombre!". Los marineros agarraron a Jonás y lo lanzaron a las olas embravecidas; de inmediato, el mar se quedó tan tranquilo como un cristal. ¡El barco se había salvado!

Pero Dios no iba a permitir que Jonás muriera. Mientras el profeta prófugo se hundía hacia el fondo del mar, Dios envió a un pez enorme para que se lo tragara. ¡Al pez le gustó esta idea! ¡Tenía hambre! Abrió sus grandes mandíbulas tanto como pudo, tragándose a Jonás completamente con su descomunal boca.

Jonás se deslizó por encima de la rosada y resbalosa lengua del pez y fue a parar al interior de su oscura barriga. Allí dentro hacía calor, todo estaba pegajoso y tan negro como la medianoche. El corazón de Jonás se estremeció de miedo y, cayendo de rodillas, se puso a llorar.

¿Sabías que?

Un profeta es alguien especialmente elegido por Dios para comunicar Su verdad. Puede ser difícil ser un profeta, sobre todo porque a menudo los profetas dicen cosas que la gente no quiere escuchar.

Durante tres días y tres noches, Jonás sobrevivió dentro del enorme pez. ¡Fueron los tres días más largos de su vida! Jonás deseó haberle hecho caso a Dios y rezó como nunca antes lo había hecho.

Finalmente, Dios ordenó al pez que escupiera a Jonás fuera de su calurosa y oscura barriga. El pez abrió su boca y estornudó.

¡Aaaachíss!

Jonás salió volando por los aires como una lanza y aterrizó accidentadamente en una playa de arena blanca. Ahora se encontraba cerca del territorio enemigo, pero eso no le importaba. Estaba listo para obedecer a Dios. ¡No quería regresar de nuevo al interior de un pez!

Jonás yacía despatarrado en la playa como una estrella de mar, cubierto de baba de pez y de arena. Finalmente, estaba listo para escuchar a Dios.

"Jonás, levántate y dirígete a la gran ciudad de Nínive", ordenó Dios, "y dile a la gente que se arrepienta".

Jonás no quería que lo conocieran como el profeta hediondo. Corrió hacia la orilla y lavó su túnica en el calmado mar azul. Después se calzó sus sandalias de cuero y marchó hacia Nínive tan rápido como sus piernas tambaleantes pudieron llevarlo.

Pocos días después, Jonás llegó a las puertas de la ciudad. Hizo una pausa y se detuvo a mirar la muralla de gruesos bloques que protegía a Nínive. Una estatua espantosa del falso dios Lamassu la coronaba; sus ojos de piedra miraban fijamente a la gente de abajo.

"¿Por dónde empiezo?", se preguntó, rascándose la barba. La muralla se extendía tan lejos como alcanzaban a ver sus ojos. ¡No había caído en cuenta de que Nínive pudiese ser TAN grande!

Jonás respiró profundamente. Era hora de transmitir a la gente el mensaje de Dios. Caminó con grandes zancadas, pasando junto a los soldados que vigilaban la entrada, y se adentró en la ciudad. "¡Dentro de cuarenta días, Nínive será destruida!", gritaba mientras recorría las angostas calles pavimentadas. "Arrepentíos y volved a los caminos de Dios".

Los ninivitas se asomaban a ventanas y puertas, escuchando atentamente. Para consternación de Jonás, creyeron en el mensaje de Dios y decidieron cesar en su mal comportamiento. Rasgaron sus ropas y se vistieron con tela de saco para demostrar que estaban arrepentidos.

¿Sabías que?

En el momento de la visita de Jonás, la ciudad de Nínive tenía una población de 100.000 personas. La ciudad estaba rodeada por una gran muralla de piedra, tan ancha que sobre ella se podían conducir dos carrozas una al lado de la otra.

Cuando el mensaje de Jonás llegó a oídos del rey de Nínive, el monarca se levantó de su trono, rompió su fina bata y se vistió con tela basta. Después, se dejó caer sobre un gran montón de cenizas. Resulta difícil imaginarse a un rey volviéndose tan temeroso, pero era mucho lo que había escuchado sobre el gran Dios de los hebreos.

Seguidamente, el rey se puso de pie y anunció: "Ninguna persona o animal deberá comer o beber", ordenó. "Todos deberán vestir con tela de saco, orar al Dios de los hebreos y abandonar su mal comportamiento".

El rey se dirigió a sus consejeros: "¿Quién sabe? Quizás Dios deje de estar enojado y salvemos la vida". ¡El rey se tomó tan en serio lo del arrepentimiento de la ciudad de Nínive, que hasta los animales tenían que usar tela de saco!

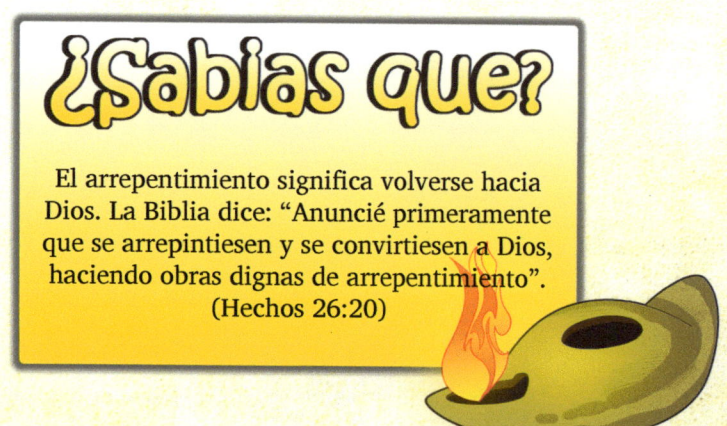

¿Sabias que?

El arrepentimiento significa volverse hacia Dios. La Biblia dice: "Anuncié primeramente que se arrepintiesen y se convirtiesen a Dios, haciendo obras dignas de arrepentimiento". (Hechos 26:20)

Cuando Dios vio que los ninivitas habían renunciado a sus maldades, decidió no castigarlos. ¡La gente se sintió muy aliviada! Jonás no estaba contento. Quería que Dios destruyera Nínive. Si Dios permitía que los enemigos de Israel siguieran con vida, ¡Israel nunca se convertirá en una gran nación! "Señor, ¿acaso no dije que esto podía pasar?", murmuró Jonás. "Yo sabía que perdonarías a los ninivitas si se arrepentían. Ahora la gente pensará que soy un tonto. ¿Por qué no permites que me muera?".

"¿Qué derecho tienes a enfadarte?", respondió Dios. Jonás no tenía una respuesta. En su lugar, dio la espalda a Nínive y salió de la ciudad dirigiéndose a una colina cercana. Construyó un refugio de ramas y esperó a ver qué sucedía. "Quizás Dios cambie de idea y destruya Nínive", pensó esperanzado.

Dios decidió darle una lección a Jonás. Hizo que una planta creciera para proteger a Jonás del calor de la tarde. Jonás se estiró en la sombra y sonrió: *"Así es como debe ser"*, pensó. Pero al amanecer del siguiente día, un gusano atacó la planta. Sus hojas se encogieron hasta desaparecer. El sol golpeó sobre la cabeza de Jonás hasta casi desmayarlo.

"Señor, no resisto más este calor", gimió Jonás. "Hace más calor que en un volcán. Estaría mejor muerto. ¡Tan solo déjame morir!".

"¿Te crees con derecho a estar tan enojado por la planta?", le preguntó Dios. "Sí, tengo todo el derecho a estar enojado. ¡Estoy suficientemente enojado como para morir!", exclamó Jonás.

"La planta creció un día y desapareció al otro. ¡Tú no hiciste que creciera, pero aun así estás enojado porque ya no está!", dijo Dios. "Yo creé a la gente de Nínive, desde los abuelos más viejos hasta los niños más pequeños ¿Acaso no tengo derecho a preocuparme por ellos? Después de todo, la gente no sabe lo que hace".

Jonás se mordió los labios y miró fijamente el suelo de polvo. Sabía que Dios tenía la razón. Nunca más volvería a desobedecerle.

FIN

¡Prueba tu conocimiento!
(Empareja la pregunta con la respuesta correcta en la parte de abajo de la página)

PREGUNTAS

¿A qué ciudad le dijo Dios a Jonás que llevara Su mensaje? ....

¿A dónde intentó huir Jonás en vez de ir a Nínive? ....

¿Dónde Jonás abordó un barco? ....

¿Qué hizo Jonás durante la tormenta? ....

¿Qué hicieron los marineros para intentar salvar el barco? ....

¿Qué pasó después de que Jonás fuera lanzado por la borda? ....

¿Por cuánto tiempo estuvo Jonás en la barriga del pez? ....

¿A dónde fue Jonás después de llegar a tierra firme? ....

¿Qué le dijo Jonás a la gente cuando llegó a Nínive? ....

¿Qué mató a la planta que Dios le proporcionó a Jonás para que tuviera sombra? ....

RESPUESTAS

1. Nínive
2. Tarsis
3. Jafa
4. Durmió
5. Lanzaron la carga por la borda
6. Jonás fue tragado por un gran pez
7. Tres días y tres noches
8. Nínive
9. Arrepiéntanse
10. Un gusano

Completa la sopa de letras

JONÁS MARINEROS
PEZ BARCO
PROFETA NÍNIVE
ISRAEL REY
JAFA PLANTA

```
N I B A R C O P M T
Í S I T D O E L A M
N R J K G H A A R A
I A O T R Z G N I P
V E H U O D O T N E
E L C U G Z Y A E Z
I P R O F E T A R P
R M J X J A F A O C
C U P R E Y M L S C
J O N Á S U Q X W Y
```

Bible Pathway Adventures®

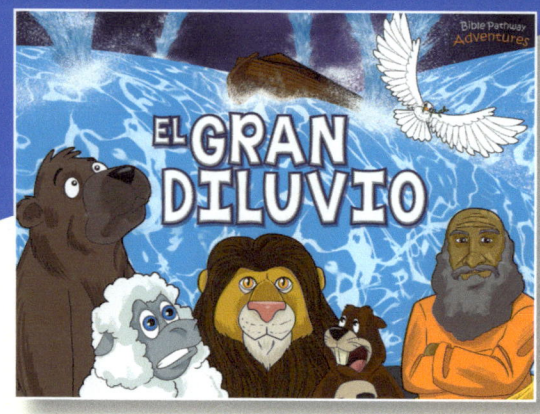

Arrojado a los Leones
El Nacimiento del Rey
Traición al Rey
El Rey Resucitó
Vendido como Esclavo
Salvado por una Asna
La Novia Elegida
El Éxodo
La bruja de Endor
Camino a Damasco
Enfrentándose al Gigante
La huida de Egipto
¡Naufragio!

¡Descubre más historias de la Biblia de Bible Pathway Adventures!

Consulte los libros de actividades de Bible Pathway Adventures

IR A

www.biblepathwayadventures.com

www.ingramcontent.com/pod-product-compliance
Lightning Source LLC
Chambersburg PA
CBHW040127120526

44589CB00028B/66